GETTING OUT  FROM GOING UNDER

The Five Year Recovery Journal

A Sentence a Day, One Day at a Time

By Susan B.

Copyright © 2015 by
Getting Out from Going Under

All rights reserved. This book or any portion thereof may not be reproduced or used in any manner whatsoever without the express written permission of the publisher except for the use of brief quotations in a book review.

Printed in the United States of America

First Printing, 2015

Published by:
Getting Out from Going Under
GettingOutfromGoingUnder.wordpress.com

ISBN 9781514872956

What is the Five Year Recovery Journal

Often, when we work a recovery program, we can't see how far we've come, whether in days, weeks, months, or over years. In addition, we tend to beat ourselves up over our perceived lack of progress when we go through slumps in our program. But remember: "We are not saints. The point is, that we are willing to grow along spiritual lines." (page 60, Big Book of Alcoholics Anonymous).

By writing in this journal, you will capture the essence of your own recovery day by day, and see your growth along spiritual lines as you look back through this written record of your journey. If you are committed to recovery, you will surely see that commitment spilling out onto the journal pages one sentence a day, one day at a time.

The Five Year Recovery Journal provides an easy way to use the tool of writing as an aid to recovery. Yes, you will see both your highs and lows, the obstacles in your path, and how you worked through them. Your journal will show you the big picture of your recovery. Two conscious decisions were made in the creation of this journal:

1. Daily prompts are provided.

2. There is only space available for one or two sentences. Or you can draw or doodle in the space instead.

I know from personal experience that even if we begin a journal with enthusiasm, when faced with a big page, many of us become frozen, our minds become , and we experience overwhelm. Keeping a journal then becomes a tedious chore instead of a quick and simple tracking tool that will eventually reveal the richness of our recovery journey as a many faceted jewel.

The point of this simple exercise is to build a recorded stream of recovery day by day. The fact that it spans five years will give you a fascinating look at where you were at any point along the way. And the fact that you only have to write a sentence makes it more likely that you will continue the process.

If you are willing to put in just a couple of minutes a day, you will find before too long that this journal has become your trusted friend and teacher, whom you will come to cherish as the years pass. By the time you have completed this journal, it will most likely look worn-out, but its beauty and value will be realized in direct proportion to its use.

Note: This book should become dog-eared over time. Knowing that, hopefully, you will <u>immediately</u> feel comfortable writing in it, drawing in it, bending it, using it!

Book Contents

Here is a synopsis of what you will find in *The Five Year Recovery Journal*:

1. Your recovery goals for the year.
2. Name of the month.
3. At the beginning of each month, there is a page with space to write on the associated step*. Here are a few suggestions on what you might think about when writing on the step.
   a. Write about where you are as far as working the step.
   b. Write about how you will work on the step this month.
   c. Write about what has happened in your life because of working the step.
4. Space to write your recovery goals for the month.**
5. Space to write one sentence (or draw/doodle) on a daily prompt.
6. Overall thoughts about the month just ended.**
7. At the end of the year, you will have room to write your overall feelings about the year that just ended.**

*For Steps 1 and 12, if you are multi-addicted, just write the addiction(s) you are working on in the box each year. Otherwise, fill in the blank with your addiction.

** If the goals and reflections at the beginning and end of the month and year are too much for you, then, just stick with the daily prompts!

Remember, writing one sentence a day is the goal!

(Writing the goals and reflections is optional.)

Suggestions for How to Use This Book

This is <u>your</u> journal and you are free to use it as you wish to extract its value for your recovery. ***In fact, you can write whatever you want each day and ignore the prompts entirely! You can even draw how you feel instead! It's your journal.*** But here are a few suggestions to get the most out of your experience.

1. Many of the daily prompts are in the Big Book. Each day, before beginning to write, take a minute to look up the word or phrase in an online or print dictionary/thesaurus or in the Big Book of Alcoholics Anonymous. There is a simple way to search the Big Book online – go to **http://anonpress.org/bb/**. You can just type any word into the search box to find it in context. Search for slogans online to see if there is any further explanation.

2. You may want to keep this journal where you meditate as a special area in which to work on it.

3. Each day, after reading the prompt and looking it up online, take a minute to close your eyes and allow the words to sink in. Take a few deep, slow breaths to center you. Here are two questions that may help you find what you want to express:
   a. How does the prompt make you feel?
   b. In what way do you relate to the prompt?
   c. Then, write, draw, or doodle whatever comes to you.

REMEMBER
You are only committing to write one sentence a day!

(Writing the goals and reflections is optional.)

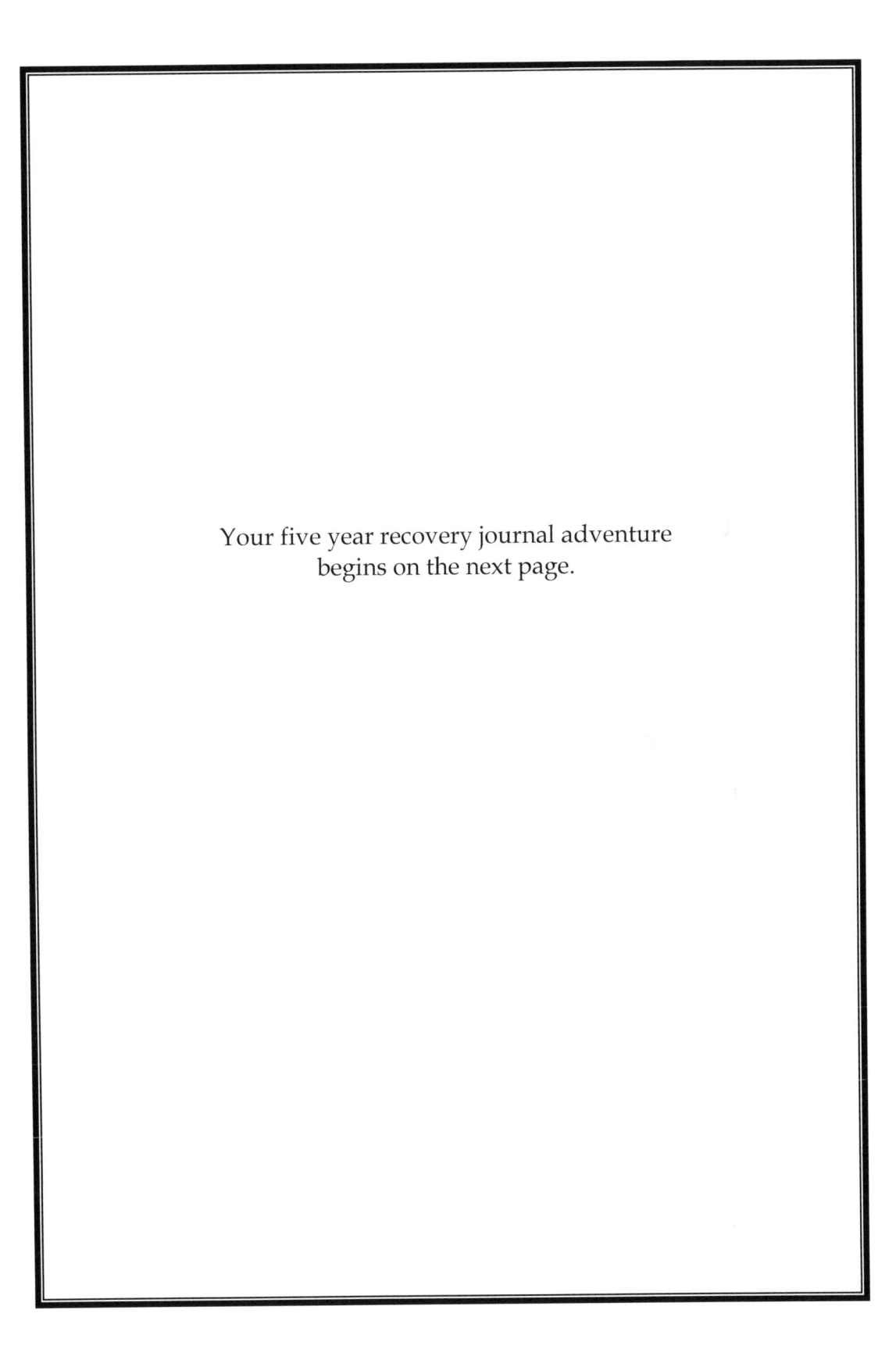

Your five year recovery journal adventure
begins on the next page.

Recovery Goals for the Year

20____

20____

20____

20____

20____

January

Step 1
We admitted we were powerless over _____ –
that our lives had become unmanageable.

20___

20___

20___

20___

20___

Recovery Goals for this Month

20____

20____

20____

20____

20____

January 1

POWERLESSNESS

20___

20___

20___

20___

20___

January 2

ACCEPTANCE

20___

20___

20___

20___

20___

January 3 — HITTING BOTTOM

20___

20___

20___

20___

20___

January 4 — HUMILITY

20___

20___

20___

20___

20___

January 5 — ALLERGY OF THE BODY

20___

20___

20___

20___

20___

January 6 — COURAGE

20___

20___

20___

20___

20___

January 7 — DESIRE

20___

20___

20___

20___

20___

January 8 — EASY DOES IT – BUT DO IT

20___

20___

20___

20___

20___

January 9 — FAITH

20___

20___

20___

20___

20___

January 10 — GIVE TIME … TIME

20___

20___

20___

20___

20___

January 11   HALF MEASURES AVAILED NOTHING

20___

20___

20___

20___

20___

January 12   I CAN'T … GOD CAN

20___

20___

20___

20___

20___

January 13 — It Works If You Work It

20___

20___

20___

20___

20___

January 14 — Just Do It For the Next 24 Hours

20___

20___

20___

20___

20___

January 15 — KEEP IT SIMPLE

20___

20___

20___

20___

20___

January 16 — LOOK WITHIN

20___

20___

20___

20___

20___

January 17 — More Will Be Revealed

20___

20___

20___

20___

20___

January 18 — No Magic Cure

20___

20___

20___

20___

20___

January 19

OPEN-MINDED

20___

20___

20___

20___

20___

January 20

PAUSE

20___

20___

20___

20___

20___

January 21   READY

20___

20___

20___

20___

20___

January 22   SANITY

20___

20___

20___

20___

20___

January 23 — THE BOTTOM LINE

20___

20___

20___

20___

20___

January 24 — UNFAIR

20___

20___

20___

20___

20___

January 25   WE ARE NOT SAINTS

20___

20___

20___

20___

20___

January 26   YOU ARE NOT ALONE

20___

20___

20___

20___

20___

January 27 — ADDICTION

20___

20___

20___

20___

20___

January 28 — BREATHE

20___

20___

20___

20___

20___

January 29   CHOICE

20___

20___

20___

20___

20___

January 30   DENIAL

20___

20___

20___

20___

20___

January 31   E QUANIMITY

20___

20___

20___

20___

20___

Overall Thoughts about January

20___

20___

20___

20___

20___

February

Step 2
Came to believe that a Power greater than ourselves could restore us to sanity.

20___

20___

20___

20___

20___

Recovery Goals for this Month

20___

20___

20___

20___

20___

February 1 — GOD OF OUR UNDERSTANDING

20___

20___

20___

20___

20___

February 2 — HAPPY, JOYOUS, AND FREE

20___

20___

20___

20___

20___

February 3 — IF ONLY…

20___

20___

20___

20___

20___

February 4 — JOURNEY

20___

20___

20___

20___

20___

February 5 — JUST FOR TODAY

20___

20___

20___

20___

20___

February 6 — KEEP COMING BACK

20___

20___

20___

20___

20___

February 7

LIFE ON LIFE'S TERMS

20___

20___

20___

20___

20___

February 8

MEETINGS

20___

20___

20___

20___

20___

February 9 — NORMAL

20___

20___

20___

20___

20___

February 10 — OBSESSION

20___

20___

20___

20___

20___

February 11　　　　　　　　　　　　　　　　　　　　PAIN

20___

20___

20___

20___

20___

February 12　　　　　　　　　　　　　ONE DAY AT A TIME

20___

20___

20___

20___

20___

February 13
PAINSTAKING

20___

20___

20___

20___

20___

February 14
RATIONALIZATION

20___

20___

20___

20___

20___

February 15 — SELF-DISCIPLINE

20___

20___

20___

20___

20___

February 16 — THIS, TOO, SHALL PASS

20___

20___

20___

20___

20___

February 17 — UNMANAGEABLE

20___

20___

20___

20___

20___

February 18 — WALKING THE WALK

20___

20___

20___

20___

20___

February 19   **RELAPSE BEGINS WITH THE FIRST** _____

20___

20___

20___

20___

20___

February 20   **SERENITY**

20___

20___

20___

20___

20___

February 21 — TEMPTATION

20___

20___

20___

20___

20___

February 22 — USELESSNESS & SELF-PITY WILL DISAPPEAR

20___

20___

20___

20___

20___

February 23   **WHY ME? WHY NOT ME?**

20___

20___

20___

20___

20___

February 24   **YES, BUT…**

20___

20___

20___

20___

20___

February 25   A GRATEFUL HEART DOESN'T PICK UP

20___

20___

20___

20___

20___

February 26   BEDEVILMENTS

20___

20___

20___

20___

20___

February 27 CARRY THE MESSAGE

20___

20___

20___

20___

20___

February 28 DISCONTENTED

20___

20___

20___

20___

20___

February 29   **EFFORT**

20___

20___

Note: You will only have a maximum of two leap years during your journey. Use the extra space below for anything at all!

OVERALL THOUGHTS ABOUT FEBRUARY

20___

20___

20___

20___

20___

March

Step 2

Made a decision to turn our will and our lives over to the care of God as we understood Him.

20___

20___

20___

20___

20___

Recovery Goals for this Month

20___

20___

20___

20___

20___

March 1 — FEAR

20___

20___

20___

20___

20___

March 2 — GENEROSITY OF SPIRIT

20___

20___

20___

20___

20___

March 3
Havoc

20___

20___

20___

20___

20___

March 4
Impulsive

20___

20___

20___

20___

20___

March 5

ABSTINENCE

20___

20___

20___

20___

20___

March 6

BASICS

20___

20___

20___

20___

20___

March 7   ACCEPT THE THINGS I CANNOT CHANGE

20___

20___

20___

20___

20___

March 8   BELIEF

20___

20___

20___

20___

20___

March 9   CLEAN HOUSE

20___

20___

20___

20___

20___

March 10   DESIGN FOR LIVING

20___

20___

20___

20___

20___

March 11   EASIER, SOFTER WAY

20___

20___

20___

20___

20___

March 12   FAMILY RELATIONSHIPS

20___

20___

20___

20___

20___

March 13 — GEOGRAPHIC CURE

20___

20___

20___

20___

20___

March 14 — HARMONY

20___

20___

20___

20___

20___

March 15 — Illusion

20___

20___

20___

20___

20___

March 16 — Jails, Institutions, & Death

20___

20___

20___

20___

20___

March 17
KEEP AN OPEN MIND

20___

20___

20___

20___

20___

March 18
LONGING

20___

20___

20___

20___

20___

March 19   MOTIVATION

20___

20___

20___

20___

20___

March 20   NEVER FORGET WHERE YOU CAME FROM

20___

20___

20___

20___

20___

March 21 — OUTREACH

20___

20___

20___

20___

20___

March 22 — PERSEVERANCE

20___

20___

20___

20___

20___

March 23
RECOIL AS FROM A HOT FLAME

20___

20___

20___

20___

20___

March 24
SUGGESTIONS

20___

20___

20___

20___

20___

March 25

THINK IT THROUGH

20___

20___

20___

20___

20___

March 26

UNITY

20___

20___

20___

20___

20___

March 27 — VICTIM

20___

20___

20___

20___

20___

March 28 — WHAT IF…

20___

20___

20___

20___

20___

March 29

ASSETS

20___

20___

20___

20___

20___

March 30

BE A SPONSOR

20___

20___

20___

20___

20___

March 31

CHANGE

20___

20___

20___

20___

20___

Overall Thoughts about March

20___

20___

20___

20___

20___

APRIL

Step 4

Made a searching and fearless moral inventory of ourselves.

20____

20____

20____

20____

20____

Recovery Goals for this Month

20____

20____

20____

20____

20____

April 1

20___

20___

20___

20___

20___

April 2

Detach

Entirely Ready

20___

20___

20___

20___

20___

April 3   FELLOWSHIP

20___

20___

20___

20___

20___

April 4   GUILT

20___

20___

20___

20___

20___

April 5 — HIGH BOTTOM

20___

20___

20___

20___

20___

April 6 — INSANITY

20___

20___

20___

20___

20___

April 7 — Just Do the Next Right Thing

20___

20___

20___

20___

20___

April 8 — Know Thyself

20___

20___

20___

20___

20___

April 9 — LET GO AND LET GOD

20___

20___

20___

20___

20___

April 10 — MEDITATION

20___

20___

20___

20___

20___

April 11 — NINETY AND NINETY

20___

20___

20___

20___

20___

April 12 — OLD-TIMER

20___

20___

20___

20___

20___

April 13 — Peace of Mind

20___

20___

20___

20___

20___

April 14 — Relapse

20___

20___

20___

20___

20___

April 15   SELF-DELUSION

20___

20___

20___

20___

20___

April 16   TALKING THE TALK

20___

20___

20___

20___

20___

April 17 — UNMANAGEABILITY OF OUR LIVES

20___

20___

20___

20___

20___

April 18 — WE HAVE A CHOICE

20___

20___

20___

20___

20___

April 19 — ACT AS IF

20___

20___

20___

20___

20___

April 20 — BONDAGE OF SELF

20___

20___

20___

20___

20___

April 21 CELEBRATION

20___

20___

20___

20___

20___

April 22 DRY DRUNK

20___

20___

20___

20___

20___

April 23 — EGOCENTRIC

20___

20___

20___

20___

20___

April 24 — FEELINGS ARE NOT FACTS

20___

20___

20___

20___

20___

April 25 GRATITUDE LIST

20___

20___

20___

20___

20___

April 26 HELPING OTHERS

20___

20___

20___

20___

20___

April 27   INSIDIOUS

20___

20___

20___

20___

20___

April 28   JOY

20___

20___

20___

20___

20___

April 29 — LET GO

20___

20___

20___

20___

20___

April 30 — MIRACLES

20___

20___

20___

20___

20___

Overall Thoughts about April

20___

20___

20___

20___

20___

Free Thoughts

20___

20___

20___

20___

20___

May

Step 5

Admitted to God, to ourselves, and to another human being the exact nature of our wrongs.

20___

20___

20___

20___

20___

Recovery Goals for this Month

20____

20____

20____

20____

20____

May 1 NEWCOMER

20___

20___

20___

20___

20___

May 2 ONE IS TOO MANY & A MILLION NOT ENOUGH

20___

20___

20___

20___

20___

May 3   Pass It On

20___

20___

20___

20___

20___

May 4   Recovering

20___

20___

20___

20___

20___

May 5 — SELF-WILL RUN RIOT

20___

20___

20___

20___

20___

May 6 — THE TOOL OF WRITING

20___

20___

20___

20___

20___

May 7 — WILLFULNESS

20___

20___

20___

20___

20___

May 8 — ACTION

20___

20___

20___

20___

20___

May 9 — There But for the Grace of God Go I

20___

20___

20___

20___

20___

May 10 — Comfort

20___

20___

20___

20___

20___

May 11   **DAILY INVENTORY**

20___

20___

20___

20___

20___

May 12   **ENVY**

20___

20___

20___

20___

20___

May 13 — FEARLESSNESS

20___

20___

20___

20___

20___

May 14 — GRASPING

20___

20___

20___

20___

20___

May 15   HEALING

20___

20___

20___

20___

20___

May 16   ISOLATION

20___

20___

20___

20___

20___

May 17　　　　　　　　　　　　　　　　　　　　JUSTIFIABLE ANGER

20___

20___

20___

20___

20___

May 18　　　　　　　　　　　　　　　　　　　　LIVE AND LET LIVE

20___

20___

20___

20___

20___

May 19 — MISTAKES

20___

20___

20___

20___

20___

May 20 — PICKING UP WILL MAKE IT WORSE

20___

20___

20___

20___

20___

May 21   **REACH OUT**

20___

20___

20___

20___

20___

May 22   **SELF-PITY**

20___

20___

20___

20___

20___

May 23 — A SIMPLE PROGRAM

20___

20___

20___

20___

20___

May 24 — TRUDGE THE ROAD OF HAPPY DESTINY

20___

20___

20___

20___

20___

May 25 — SELF-KNOWLEDGE AVAILS NOTHING

20___

20___

20___

20___

20___

May 26 — WILLINGNESS

20___

20___

20___

20___

20___

May 27   SELF-INDULGENCE

20___

20___

20___

20___

20___

May 28   AFFLICTION OF THE BODY, MIND, & SPIRIT

20___

20___

20___

20___

20___

May 29 — Became Willing

20___

20___

20___

20___

20___

May 30 — Challenges

20___

20___

20___

20___

20___

May 31

DO IT SOBER (ABSTINENT, SOLVENT...)

20___

20___

20___

20___

20___

OVERALL THOUGHTS ABOUT MAY

20___

20___

20___

20___

20___

June

Step 6

Were entirely ready to have God remove
all these defects of character.

20___

20___

20___

20___

20___

Recovery Goals for this Month

20____

20____

20____

20____

20____

June 1   FREEDOM

20___

20___

20___

20___

20___

June 2   HONESTY

20___

20___

20___

20___

20___

June 3 — IRRITABLE

20___

20___

20___

20___

20___

June 4 — ACCEPTANCE IS THE KEY TO ALL OUR DIFFICULTIES

20___

20___

20___

20___

20___

June 5 — INTEGRITY

20___

20___

20___

20___

20___

June 6 — MISERY IS OPTIONAL

20___

20___

20___

20___

20___

June 7 PINK CLOUD

20___

20___

20___

20___

20___

June 8 REGRET

20___

20___

20___

20___

20___

June 9　　　　　　　　　　　　　　　　　　SLOW AND STEADY

20___

20___

20___

20___

20___

June 10　　　　　　　　　　　　　　　　　　IMPROVEMENT

20___

20___

20___

20___

20___

June 11
THOROUGH

20___

20___

20___

20___

20___

June 12
TRUST

20___

20___

20___

20___

20___

June 13   WHITE KNUCKLING IT

20___

20___

20___

20___

20___

June 14   TOLERANCE

20___

20___

20___

20___

20___

June 15 — STOOD AT THE TURNING POINT

20___

20___

20___

20___

20___

June 16 — PATIENCE

20___

20___

20___

20___

20___

June 17 — HATRED

20___

20___

20___

20___

20___

June 18 — DISCIPLINE

20___

20___

20___

20___

20___

June 19 — CURE

20___

20___

20___

20___

20___

June 20 — ATTITUDE

20___

20___

20___

20___

20___

June 21

AMENDS

20___

20___

20___

20___

20___

June 22

BALANCE

20___

20___

20___

20___

20___

June 23 — CRAVING

20___

20___

20___

20___

20___

June 24 — DISHONEST

20___

20___

20___

20___

20___

June 25 FRIENDSHIP

20___

20___

20___

20___

20___

June 26 GOSSIP

20___

20___

20___

20___

20___

June 27 — HUMBLE

20___

20___

20___

20___

20___

June 28 — INTUITION

20___

20___

20___

20___

20___

June 29 — LIVE IN TODAY

20___

20___

20___

20___

20___

June 30 — PERFECTIONISM

20___

20___

20___

20___

20___

Overall Thoughts about June

20___

20___

20___

20___

20___

Free Form Thoughts

20___

20___

20___

20___

20___

July

Step 7

Humbly asked Him to remove our shortcomings.

20___

20___

20___

20___

20___

Recovery Goals for this Month

20____

20____

20____

20____

20____

July 1 — POSSIBILITIES

20___

20___

20___

20___

20___

July 2 — SELF-CONTROL

20___

20___

20___

20___

20___

July 3 — TAKE RESPONSIBILITY

20___

20___

20___

20___

20___

July 4 — WILL POWER OR HIGHER POWER?

20___

20___

20___

20___

20___

July 5   HOPE

20___

20___

20___

20___

20___

July 6   ANNIVERSARY

20___

20___

20___

20___

20___

July 7 — CONSEQUENCES

20___

20___

20___

20___

20___

July 8 — AWARENESS

20___

20___

20___

20___

20___

July 9

CHANGE IS A PROCESS

20___

20___

20___

20___

20___

July 10

CONTEMPLATION

20___

20___

20___

20___

20___

July 11 — First Things First

20___

20___

20___

20___

20___

July 12 — Forgiveness

20___

20___

20___

20___

20___

July 13 — HALF MEASURES

20___

20___

20___

20___

20___

July 14 — HOW IMPORTANT IS IT?

20___

20___

20___

20___

20___

July 15 — LISTEN AND LEARN

20___

20___

20___

20___

20___

July 16 — PEOPLE, PLACES, AND THINGS

20___

20___

20___

20___

20___

July 17

PROMISES OF THE PROGRAM

20___

20___

20___

20___

20___

July 18

PRIORITIES

20___

20___

20___

20___

20___

July 19 — Love is All Powerful

20___

20___

20___

20___

20___

July 20 — Helpful

20___

20___

20___

20___

20___

July 21
FROM DARKNESS COMES LIGHT

20___

20___

20___

20___

20___

July 22
COOPERATION

20___

20___

20___

20___

20___

July 23 — ANONYMITY

20___

20___

20___

20___

20___

July 24 — COMMON SENSE

20___

20___

20___

20___

20___

July 25 — CONSCIOUS CONTACT

20___

20___

20___

20___

20___

July 26 — ADMITTING WE WERE WRONG

20___

20___

20___

20___

20___

July 27 — Ask for Help

20___

20___

20___

20___

20___

July 28 — Challenges

20___

20___

20___

20___

20___

July 29 — CONTENTMENT

20___

20___

20___

20___

20___

July 30 — COURAGE TO CHANGE THE THINGS I CAN

20___

20___

20___

20___

20___

July 31

WORRY

20___

20___

20___

20___

20___

Overall Thoughts about July

20___

20___

20___

20___

20___

August

Step 8

Made a list of all persons we had harmed,
and became willing to make amends to them all.

20____

20____

20____

20____

20____

Recovery Goals for this Month

20____

20____

20____

20____

20____

August 1 — WE STOOD AT THE TURNING POINT

20___

20___

20___

20___

20___

August 2 — SUFFERING IS OPTIONAL

20___

20___

20___

20___

20___

August 3   SLIPS

20___

20___

20___

20___

20___

August 4   SHARE YOUR JOY

20___

20___

20___

20___

20___

August 5 — REMORSE

20___

20___

20___

20___

20___

August 6 — RESILIENCE

20___

20___

20___

20___

20___

August 7　　　　　　　　　　　　　　　　　　　RESTRAINT

20___

20___

20___

20___

20___

August 8　　　　　　　　　　　　　　　　　　　　　LOVE

20___

20___

20___

20___

20___

August 9 — GIVE IT AWAY

20___

20___

20___

20___

20___

August 10 — FUN

20___

20___

20___

20___

20___

August 11

ENABLING

20___

20___

20___

20___

20___

August 12

COMPARISON WITH OTHERS

20___

20___

20___

20___

20___

August 13   **ANGER**

20___

20___

20___

20___

20___

August 14   **ATTITUDE OF GRATITUDE**

20___

20___

20___

20___

20___

August 15   **ADMIT COMPLETE DEFEAT**

20___

20___

20___

20___

20___

August 16   **CONSCIENTIOUS**

20___

20___

20___

20___

20___

August 17 **DESPAIR**

20___

20___

20___

20___

20___

August 18 **FAITH WITHOUT WORKS IS DEAD**

20___

20___

20___

20___

20___

August 19 FRUSTRATION

20___

20___

20___

20___

20___

August 20 GUIDANCE

20___

20___

20___

20___

20___

August 21 — HARMS TO SELF AND OTHERS

20___

20___

20___

20___

20___

August 22 — PHENOMENON OF CRAVING

20___

20___

20___

20___

20___

August 23   PEACE

20___

20___

20___

20___

20___

August 24   REFLECTION

20___

20___

20___

20___

20___

August 25 — RESTITUTION

20___

20___

20___

20___

20___

August 26 — RESTORED TO SANITY

20___

20___

20___

20___

20___

August 27   **RESTLESS**

20___

20___

20___

20___

20___

August 28   **SELF-RIGHTEOUS INDIGNATION**

20___

20___

20___

20___

20___

August 29   SELF-SEEKING WILL SLIP AWAY

20___

20___

20___

20___

20___

August 30   TERMINAL UNIQUENESS

20___

20___

20___

20___

20___

August 31 THE TOOL OF LITERATURE

20___

20___

20___

20___

20___

Overall Thoughts about August

20___

20___

20___

20___

20___

September

Step 9

Made direct amends to such people wherever possible, except when to do so would injure them or others.

20___

20___

20___

20___

20___

Recovery Goals for this Month

20____

20____

20____

20____

20____

September 1   **TURN OVER OUR WILL**

20___

20___

20___

20___

20___

September 2   **WRECKAGE OF THE PAST**

20___

20___

20___

20___

20___

September 3   A HALLUCINATION IS
                                          A VISION WITHOUT A PLAN

20___

20___

20___

20___

20___

September 4   BINGE/SPREE

20___

20___

20___

20___

20___

September 5   **CHARACTER DEFECTS**

20___

20___

20___

20___

20___

September 6   **COMPROMISE**

20___

20___

20___

20___

20___

September 7   CUNNING, BAFFLING, POWERFUL

20___

20___

20___

20___

20___

September 8   THE TRADITIONS

20___

20___

20___

20___

20___

September 9   **TURN IT OVER**

20___

20___

20___

20___

20___

September 10   **COMPASSION**

20___

20___

20___

20___

20___

September 11   **F.E.A.R. IS**
                               FALSE EXPECTATION APPEARING REAL

20___

20___

20___

20___

20___

September 12   **GRACE**

20___

20___

20___

20___

20___

September 13

HELPLESS

20___

20___

20___

20___

20___

September 14

PRAYER

20___

20___

20___

20___

20___

September 15   RELEASE YOUR OLD IDEAS

20___

20___

20___

20___

20___

September 16   THE STEPS

20___

20___

20___

20___

20___

September 17　　　　　　　　　　WISDOM TO KNOW THE DIFFERENCE

20___

20___

20___

20___

20___

September 18　　　　　　　　　　SURRENDER TO OVERCOME

20___

20___

20___

20___

20___

September 19   SEVENTH TRADITION

20___

20___

20___

20___

20___

September 20   SICK AND TIRED OF BEING SICK AND TIRED

20___

20___

20___

20___

20___

September 21   **SLIPPERY PLACES**

20___

20___

20___

20___

20___

September 22   **SELF-SEEKING**

20___

20___

20___

20___

20___

September 23   **SELF-WILL RUN RIOT**

20___

20___

20___

20___

20___

September 24   **A SUBTLE FOE**

20___

20___

20___

20___

20___

September 25   **WITHOUT HELP IT IS TOO MUCH FOR US**

20___

20___

20___

20___

20___

September 26   **COMFORT IS OVERRATED**

20___

20___

20___

20___

20___

September 27   **COMPULSION**

20___

20___

20___

20___

20___

September 28   **CONTROL**

20___

20___

20___

20___

20___

September 29

FOLLOW DIRECTION

20___

20___

20___

20___

20___

September 30

GOING TO ANY LENGTHS

20___

20___

20___

20___

20___

Overall Thoughts about September

20___

20___

20___

20___

20___

Free Form Thoughts

20___

20___

20___

20___

20___

October

Step 10

Continued to take personal inventory
and when we were wrong promptly admitted it.

20___

20___

20___

20___

20___

Recovery Goals for this Month

20____

20____

20____

20____

20____

October 1   **GRACIOUSNESS**

20___

20___

20___

20___

20___

October 2   **H.A.L.T.=HUNGRY, ANGRY, LONELY, TIRED**

20___

20___

20___

20___

20___

October 3　　　　　　　　　　　　　　　　　　　PLEASURE

20___

20___

20___

20___

20___

October 4　　　　　　　　　　　　　　　　　　　　PRIDE

20___

20___

20___

20___

20___

October 5   REPLACE GUILT WITH GRATITUDE

20___

20___

20___

20___

20___

October 6   RIGHT-MINDED

20___

20___

20___

20___

20___

October 7   **SEARCHING & FEARLESS MORAL INVENTORY**

20___

20___

20___

20___

20___

October 8   **REVENGE**

20___

20___

20___

20___

20___

October 9 — SELF-JUSTIFICATION

20___

20___

20___

20___

20___

October 10 — SHORTCOMINGS

20___

20___

20___

20___

20___

October 11 — SHARE YOUR PAIN

20___

20___

20___

20___

20___

October 12 — THE DIRECTIONS ARE IN THE BIG BOOK

20___

20___

20___

20___

20___

October 13   **THERE IS ENOUGH FOR EVERYONE**

20___

20___

20___

20___

20___

October 14   **WE ARE ONLY AS SICK AS OUR SECRETS**

20___

20___

20___

20___

20___

October 15   SPONSORSHIP

20___

20___

20___

20___

20___

October 16   A SPIRITUAL SOLUTION

20___

20___

20___

20___

20___

October 17   SERVICE

20___

20___

20___

20___

20___

October 18   RIGOROUS HONESTY

20___

20___

20___

20___

20___

October 19 — RESISTANCE

20___

20___

20___

20___

20___

October 20 — PROCRASTINATION

20___

20___

20___

20___

20___

October 21 — PROGRESS, NOT PERFECTION

20___

20___

20___

20___

20___

October 22 — PRIMARY PURPOSE

20___

20___

20___

20___

20___

October 23   WOULD I RATHER BE RIGHT ... OR HAPPY?

20___

20___

20___

20___

20___

October 24   SOBRIETY FIRST, THE REST WILL FOLLOW

20___

20___

20___

20___

20___

October 25   **SURRENDER**

20___

20___

20___

20___

20___

October 26   **CHAPTER 5 OF THE BIG BOOK: HOW IT WORKS**

20___

20___

20___

20___

20___

October 27 COMPLACENCY

20___

20___

20___

20___

20___

October 28 DON'T PICK UP NO MATTER WHAT

20___

20___

20___

20___

20___

October 29   EXPERIENCE, STRENGTH, & HOPE

20___

20___

20___

20___

20___

October 30   FEARLESS AND THOROUGH

20___

20___

20___

20___

20___

October 31   **FIT SPIRITUAL CONDITION**

20___

20___

20___

20___

20___

OVERALL THOUGHTS ABOUT OCTOBER

20___

20___

20___

20___

20___

November

Step 11
Sought through prayer and meditation to improve our conscious contact with God, as we understood Him, praying only for knowledge of His will for us and the power to carry that out.

20___

20___

20___

20___

20___

Recovery Goals for this Month

20___

20___

20___

20___

20___

November 1

EXPECTATIONS ARE PREMEDITATED RESENTMENTS

20___

20___

20___

20___

20___

November 2

FOUNDATION

20___

20___

20___

20___

20___

November 3 — GROWING ALONG SPIRITUAL LINES

20___

20___

20___

20___

20___

November 4 — HAPPINESS

20___

20___

20___

20___

20___

November 5   HOPELESSNESS

20___

20___

20___

20___

20___

November 6   INCOMPREHENSIBLE DEMORALIZATION

20___

20___

20___

20___

20___

November 7 — PRAYER CHANGES THINGS

20___

20___

20___

20___

20___

November 8 — PRINCIPLES BEFORE PERSONALITIES

20___

20___

20___

20___

20___

November 9 — PROGRAM FIRST

20___

20___

20___

20___

20___

November 10 — A PROGRESSIVE DISEASE

20___

20___

20___

20___

20___

November 11 — RIGOROUS

20___

20___

20___

20___

20___

November 12 — SELFLESSNESS

20___

20___

20___

20___

20___

November 13

THE SERENITY TO ACCEPT WHAT I CANNOT CHANGE

20___

20___

20___

20___

20___

November 14

SPIRITUAL EXPERIENCE

20___

20___

20___

20___

20___

November 15   SUCCESS

20___

20___

20___

20___

20___

November 16   THE ONLY REQUIREMENT FOR MEMBERSHIP

20___

20___

20___

20___

20___

November 17 TRUSTWORTHY

20___

20___

20___

20___

20___

November 18 THE SUBSTANCE IS
THE LAST THING TO GO

20___

20___

20___

20___

20___

November 19   **SELFISHNESS**

20___

20___

20___

20___

20___

November 20   **SEEK THE HELP OF A HIGHER POWER**

20___

20___

20___

20___

20___

November 21 — CLOSED-MINDED

20___

20___

20___

20___

20___

November 22 — CONTEMPT PRIOR TO INVESTIGATION

20___

20___

20___

20___

20___

November 23
COURAGE TO CHANGE

20___

20___

20___

20___

20___

November 24
TRANSFERRING ADDICTIONS

20___

20___

20___

20___

20___

November 25   DON'T QUIT BEFORE THE MIRACLE HAPPENS

20___

20___

20___

20___

20___

November 26   WHAT IS MOST IMPORTANT?

20___

20___

20___

20___

20___

November 27 — COMPLAINING

20___

20___

20___

20___

20___

November 28 — CONFUSION

20___

20___

20___

20___

20___

November 29   FEAR OF FINANCIAL INSECURITY
                                               WILL LEAVE US

20___

20___

20___

20___

20___

November 30   GROWTH

20___

20___

20___

20___

20___

Overall Thoughts about November

20___

20___

20___

20___

20___

Free Form Thoughts

20___

20___

20___

20___

20___

December

Step 12

Having had a spiritual awakening as the result of these Steps, we tried to carry this message to _____, and to practice these principles in all our affairs.

20___

20___

20___

20___

20___

Recovery Goals for this Month

20____

20____

20____

20____

20____

December 1 HIGHER POWER CAN

20___

20___

20___

20___

20___

December 2 HOPEFUL

20___

20___

20___

20___

20___

December 3   IF NOT THIS ... THEN SOMETHING BETTER

20___

20___

20___

20___

20___

December 4   LOW BOTTOM

20___

20___

20___

20___

20___

December 5 — OLD TIMER

20___

20___

20___

20___

20___

December 6 — GROUP CONSCIENCE

20___

20___

20___

20___

20___

December 7 — CONVICTION

20___

20___

20___

20___

20___

December 8 — EXCEPTION TO THE RULE

20___

20___

20___

20___

20___

December 9   **WHAT IS YOUR HIGHER POWER?**

20___

20___

20___

20___

20___

December 10   **LIVING AMENDS**

20___

20___

20___

20___

20___

December 11 — AT SOME OF THESE WE BALKED

20___

20___

20___

20___

20___

December 12 — DOING WHAT WE ALWAYS DID GETS US WHAT WE ALWAYS GOT

20___

20___

20___

20___

20___

December 13   **ASK HIGHER POWER FOR THE COURAGE TO BEAR DISCOMFORT UNTIL COMFORT COMES**

20___

20___

20___

20___

20___

December 14   **INSANITY: DOING THE SAME THINGS OVER & OVER EXPECTING DIFFERENT RESULTS**

20___

20___

20___

20___

20___

December 15 — PAIN IS WHAT I WALK THROUGH, MISERY IS WHAT I SIT IN

20___

20___

20___

20___

20___

December 16 — RELIANCE ON A HIGHER POWER

20___

20___

20___

20___

20___

December 17   LET GO

20___

20___

20___

20___

20___

December 18   THE URGE WILL PASS WHETHER I PICK UP OR NOT

20___

20___

20___

20___

20___

December 19 — INCONSIDERATE

20___

20___

20___

20___

20___

December 20 — WORKING WITH OTHERS

20___

20___

20___

20___

20___

December 21   A B‍UTTERFLY IS A P‍ATIENT M‍OTH

20___

20___

20___

20___

20___

December 22   T‍HE F‍URTHER Y‍OU ARE FROM Y‍OUR L‍AST B‍INGE, THE C‍LOSER Y‍OU ARE TO Y‍OUR N‍EXT

20___

20___

20___

20___

20___

December 23 — REMEMBER WHERE WE CAME FROM

20___

20___

20___

20___

20___

December 24 — LOVE FOR OTHERS

20___

20___

20___

20___

20___

December 25

POSTPONE FOR 24 HOURS

20___

20___

20___

20___

20___

December 26

RELEASE

20___

20___

20___

20___

20___

December 27   SINCERITY

20___

20___

20___

20___

20___

December 28   EVERYONE IN RECOVERY MUST WALK THROUGH DAY 1, DAY 2…

20___

20___

20___

20___

20___

December 29   IF YOU NEVER TAKE THE FIRST
                                 _____ , YOU'LL NEVER RELAPSE

20___

20___

20___

20___

20___

December 30   SOBRIETY, THEN SERENITY

20___

20___

20___

20___

20___

December 31

RECOVERY IS A JOURNEY

20___

20___

20___

20___

20___

Overall Thoughts about December

20___

20___

20___

20___

20___

CONGRATULATIONS!

You've completed another year in recovery

Now it's time to write your…

OVERALL FEELINGS ABOUT THE YEAR PAST

20___

20___

20___

20___

20___

The Twelve Steps of Alcoholics Anonymous

1. We admitted we were powerless over alcohol—that our lives had become unmanageable.
2. Came to believe that a Power greater than ourselves could restore us to sanity.
3. Made a decision to turn our will and our lives over to the care of God as we understood Him.
4. Made a searching and fearless moral inventory of ourselves.
5. Admitted to God, to ourselves, and to another human being the exact nature of our wrongs.
6. Were entirely ready to have God remove all these defects of character.
7. Humbly asked Him to remove our shortcomings.
8. Made a list of all persons we had harmed, and became willing to make amends to them all.
9. Made direct amends to such people wherever possible, except when to do so would injure them or others.
10. Continued to take personal inventory and when we were wrong promptly admitted it.
11. Sought through prayer and meditation to improve our conscious contact with God, as we understood Him, praying only for knowledge of His will for us and the power to carry that out.
12. Having had a spiritual awakening as the result of these Steps, we tried to carry this message to alcoholics, and to practice these principles in all our affairs.

The Twelve Steps of Alcoholics Anonymous are reprinted and adapted with permission of Alcoholics Anonymous World Services, Inc. ("A.A.W.S.") Permission to adapt the Twelve Steps does not mean that A.A.W.S. has reviewed or approved the contents of this publication, or that A.A.W.S. necessarily agrees with the views expressed herein. A.A. is a program of recovery from alcoholism only - use of the Twelve Steps in connection with programs and activities which are patterned after A.A., but which address other problems, or in any other non-A.A. context, does not imply otherwise.

About the Author

Susan B. is a recovering alcoholic, compulsive overeater, and compulsive debtor and spender. She is also the author of the *Getting Out from Going Under Daily Reader for Compulsive Debtors and Spenders*.

For more information, visit Susan B.'s blog:

GettingOutfromGoingUnder.wordpress.com

Made in the USA
Middletown, DE
01 January 2019